escuela - skola	2
viaje - ceļojums	5
transporte - transports	8
ciudad - pilsēta	10
paisaje - ainava	14
restaurante - restorāns	17
supermercado - lielveikals	20
bebida - dzērieni	22
comida - ēdiens	23
granja - zemnieku saimniecība	27
casa - māja	31
cuarto de estar - viesistaba	33
cocina - virtuve	35
cuarto de baño - vannas istaba	38
cuarto de los niños - bērnu istaba	42
vestimenta - apģērbs	44
oflclna - blrojs	49
economía - ekonomika	51
ocupaciones - profesijas	53
herramientas - instrumenti	56
instrumentos musicales - mūzikas instrumenti	57
zoológico - zooloģiskais dārzs	59
deporte - sports	62
actividades - darbības	63
familia - ģimene	67
cuerpo - ķermenis	68
hospital - slimnīca	72
emergencia - ārkārtas gadījums	76
Tierra - zeme	77
reloj - pulkstenis	79
semana - nedēļa	80
año - gads	81
formas - formas	83
colores - krāsas	84
opuestos - pretstati	85
números - skaitļi	88
idiomas - Valodas	90
quién / qué / cómo - kas / ko / kā	91
donde - kur	92

Impressum
Verlag: BABADADA GmbH, Nedderfeld 112 , 22529 Hamburg
Geschäftsführer / Verlagsleitung: Harald Hof
Druck: Books on Demand GmbH, In de Tarpen 42, 22848 Norderstedt

Imprint
Publisher: BABADADA GmbH, Nedderfeld 112 , 22529 Hamburg, Germany
Managing Director / Publishing direction: Harald Hof
Print: Books on Demand GmbH, In de Tarpen 42, 22848 Norderstedt, Germany

escuela
skola

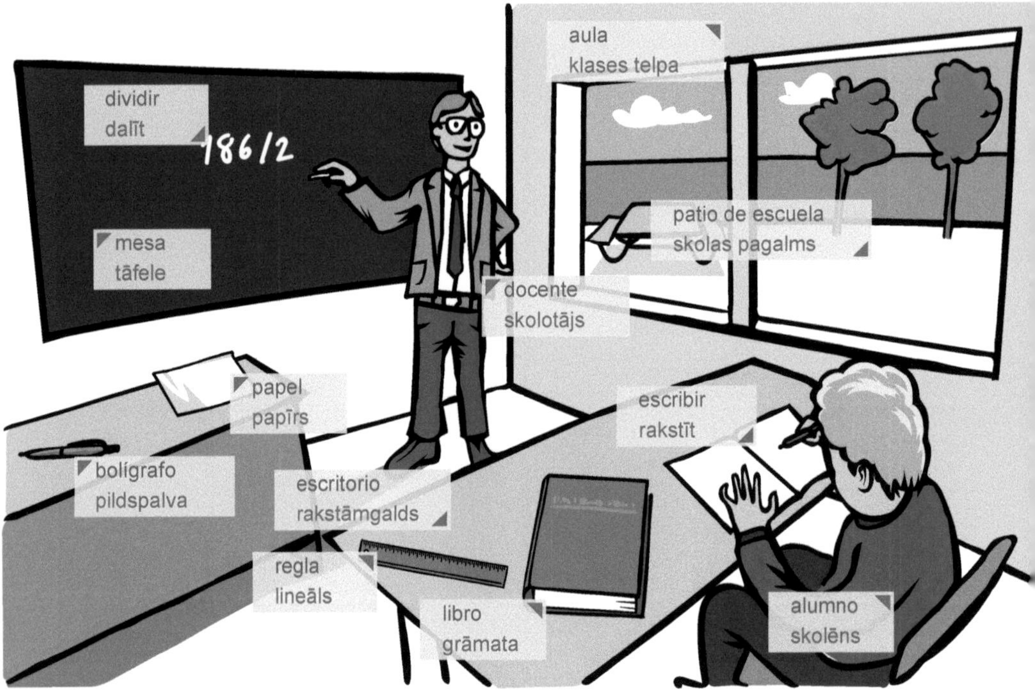

aula
klases telpa
dividir
dalīt
186/2
mesa
tāfele
patio de escuela
skolas pagalms
docente
skolotājs
papel
papīrs
escribir
rakstīt
bolígrafo
pildspalva
escritorio
rakstāmgalds
regla
lineāls
libro
grāmata
alumno
skolēns

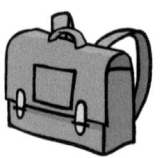

mochila escolar
skolas soma

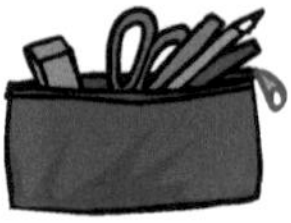

caja de lápices
penālis

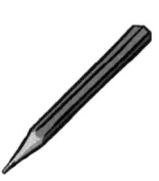

lápiz
zīmulis

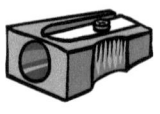

sacapuntas
zīmuļu asināmais

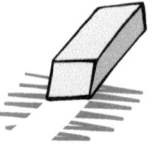

goma de borrar
dzēšgumija

bloc de dibujo
zīmēšanas bloks

dibujo
zīmējums

pincel
ota

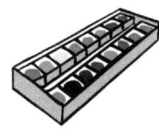

caja de pinturas
krāsas

tijera
šķēres

pegamento
līme

libro de ejercicios
darba burtnīca

tarea
mājas darbs

número
skaitlis

2+2

sumar
saskaitīt

restar
atņemt

multiplicar
reizināt

calcular
rēķināt

letra
burts

alfabeto
alfabēts

palabra
vārds

texto

teksts

leer

lasīt

tiza

krīts

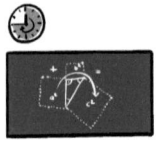

lección

mācību stunda

libro de clase

žurnāls

examen

eksāmens

certificado

liecība

uniforme escolar

skolas forma

educación

izglītība

enciclopedia

enciklopēdija

universidad

universitāte

microscopio

mikroskops

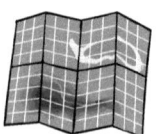

mapa

karte

cesto de papeles

papīrgrozs

viaje
ceļojums

hotel
viesnīca
Grand
albergue
hostelis
ROOMS
CHANGE
casa de cambio
valūtas maiņas punkts
maleta
čemodāns
auto
automašīna

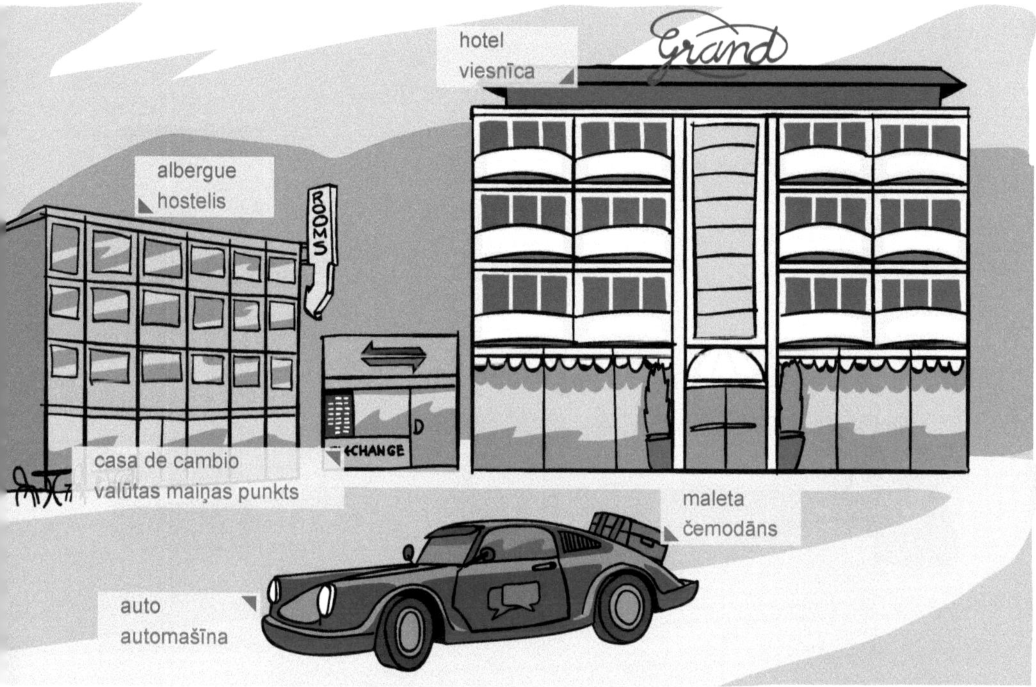

idioma

Valoda

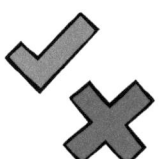

sí / no

jā / nē

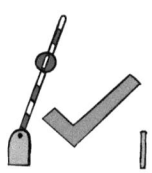

ok

Okay

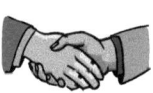

hola

Sveiki!

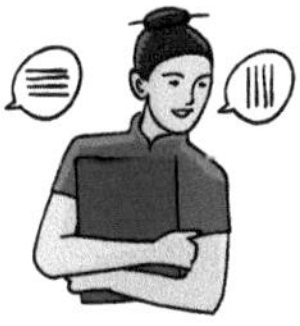

intérprete

tulks

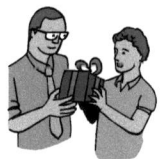

gracias

paldies

¿Cuánto cuesta…?

Cik maksā…?

No entiendo

Es nesaprotu

problema

problēma

¡Buenas tardes!

Labvakar!

¡Buenos días!

Labrīt!

¡Buenas noches!

Ar labu nakti!

adiós

Uz redzēšanos

dirección

virziens

equipaje

bagāža

bolso

soma

mochila

mugursoma

invitado

viesis

cuarto

istaba

saco de dormir

guļammaiss

tienda de campaña

telts

información al turista
tūrisma informācija

playa
pludmale

tarjeta de crédito
kredītkarte

desayuno
brokastis

almuerzo
pusdienas

cena
vakariņas

pasaje
biļete

ascensor
lifts

sello
pastmarka

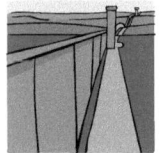

límite
robeža

aduana
muita

embajada
vēstniecība

visa
vīza

pasaporte
pase

transporte
transports

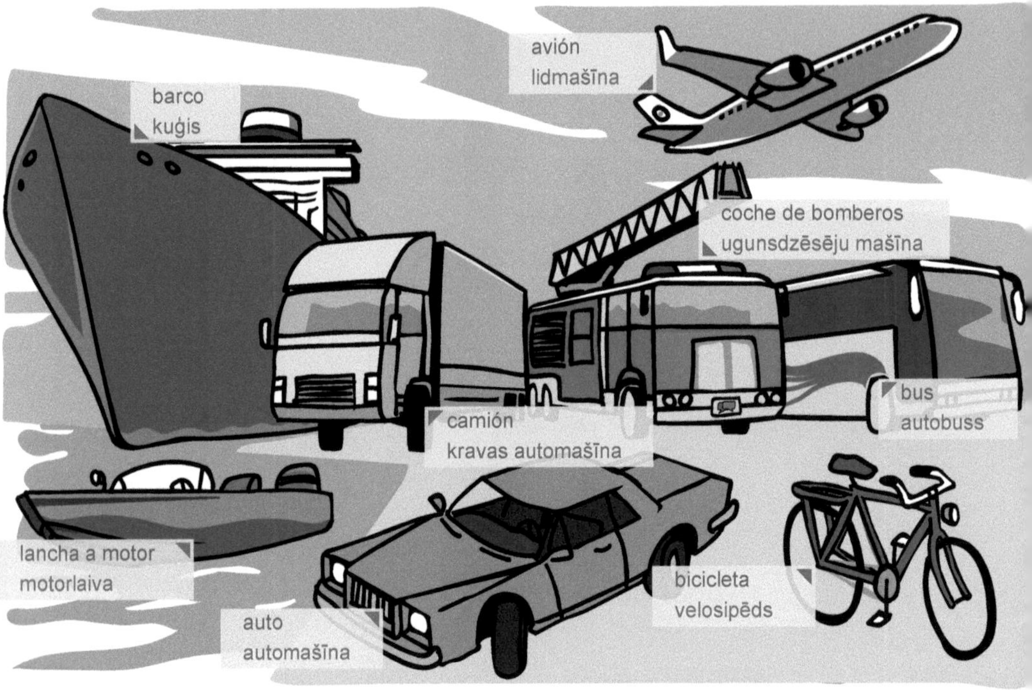

avión
lidmašīna
barco
kuģis
coche de bomberos
ugunsdzēsēju mašīna
bus
autobuss
camión
kravas automašīna
lancha a motor
motorlaiva
bicicleta
velosipēds
auto
automašīna

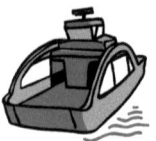

balsa

prāmis

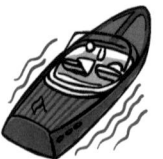

lancha

laiva

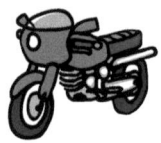

motocicleta

motocikls

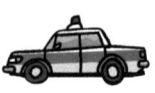

auto de policía

policijas automašīna

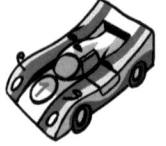

auto de carreras

sacīkšu automobilis

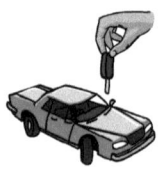

auto de alquiler

nomas auto

alquiler de autos

auto koplietošana

grúa

evakuators

vehículo recolector de basura

atkritumu mašīna

motor

dzinējs

gasolina

benzīns

gasolinera

degvielas uzpildes stacija

señal de tráfico

ceļa zīme

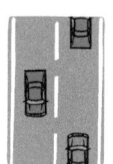

tránsito

satiksme

atasco

sastrēgums

estacionamiento

stāvvieta

estación de tren

dzelzceļa stacija

carril

sliedes

tren

vilciens

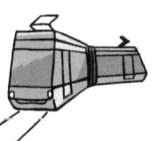

tranvía

tramvajs

vagón

vagons

helicóptero

helikopters

aeropuerto

lidosta

torre

tornis

pasajero

pasažieris

contenedor

konteiners

caja de cartón

kaste

carro

ratiņi

cesta

grozs

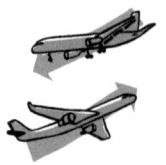

despegar / aterrizar

pacelties / nosēsties

ciudad
pilsēta

aldea

ciems

centro de la ciudad

pilsētas centrs

casa

māja

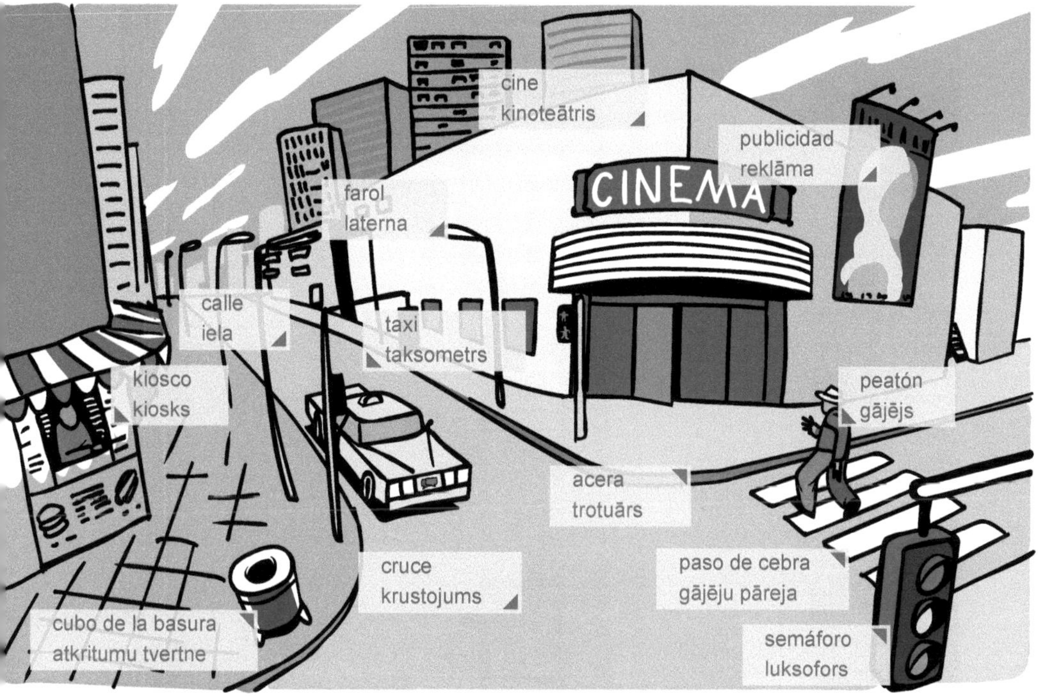

cine
kinoteātris
publicidad
reklāma
CINEMA
farol
laterna
calle
iela
taxi
taksometrs
kiosco
kiosks
peatón
gājējs
acera
trotuārs
cruce
krustojums
paso de cebra
gājēju pāreja
cubo de la basura
atkritumu tvertne
semáforo
luksofors

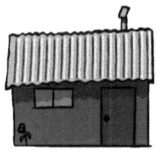

cabaña

būda

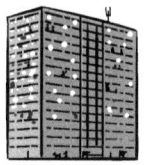

apartamento

dzīvoklis

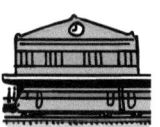

estación de tren

dzelzceļa stacija

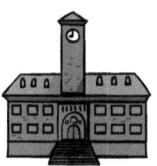

ayuntamiento

rātsnams

MUSEUM

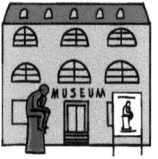

museo

muzejs

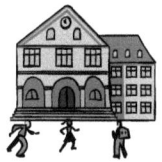

escuela

skola

universidad

universitāte

banco

banka

hospital

slimnīca

hotel

viesnīca

farmacia

aptieka

oficina

birojs

librería

grāmatnīca

negocio

veikals

florería

ziedu veikals

supermercado

lielveikals

mercado

tirgus

grandes almacenes

tirdzniecības centrs

pescadería

zivju tirgotājs

centro comercial

tirdzniecības centrs

puerto

osta

parque

parks

banco

sols

puente

tilts

escalera

kāpnes

metro

metro

túnel

tunelis

parada de autobuses

autobusa pieturvieta

bar

bārs

restaurante

restorāns

buzón de correo

pastkastīte

letrero

ielas nosaukuma plāksne

parquímetro

stāvlaika skaitītājs

zoológico

zooloģiskais dārzs

piscina

peldbaseins

mezquita

mošeja

granja
zemnieku saimniecība

polución
vides piesārņojums

cementerio
kapsēta

iglesia
baznīca

parque infantil
spēļu laukums

templo
templis

paisaje
ainava

hoja
lapa

indicador de camino
ceļrādis

sendero
ceļš

pradera
pļava

piedra
akmens

árbol
koks

caminante
ceļotājs

río
upe

pasto
zāle

flor
puķe

valle

ieleja

montaña

kalns

lago

ezers

bosque

mežs

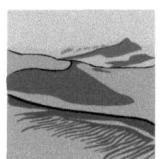

desierto

tuksnesis

volcán

vulkāns

castillo

pils

arco iris

varavīksne

seta

sēne

palmera

palma

mosquito

moskīts

mosca

muša

hormiga

skudra

abeja

bite

araña

zirneklis

escarabajo
vabole

rana
varde

ardilla
vāvere

erizo
ezis

liebre
zaķis

lechuza
pūce

pájaro
putns

cisne
gulbis

jabalí
meža cūka

ciervo
briedis

alce
alnis

embalse
aizsprosts

aerogenerador
vēja ģenerators

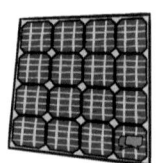

módulo solar
saules baterija

clima
klimats

restaurante
restorāns

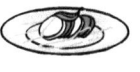

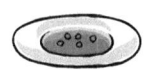

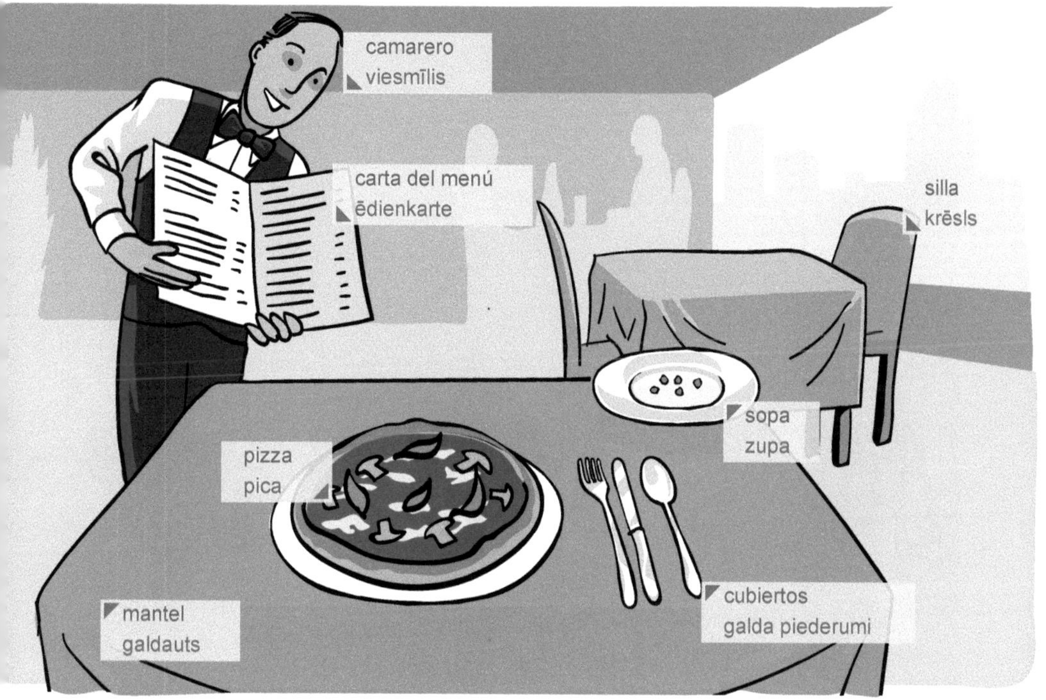

camarero
viesmīlis
carta del menú
ēdienkarte
silla
krēsls
sopa
zupa
pizza
pica
cubiertos
galda piederumi
mantel
galdauts

entrada

uzkoda

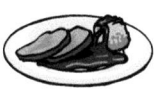

plato principal

pamatēdiens

postre

deserts

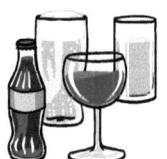

bebida

dzērieni

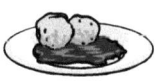

comida

ēdiens

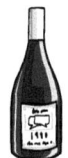

botella

pudele

comida rápida

ātrās uzkodas

comida callejera

ielu uzkodas

tetera

tējkanna

azucarera

cukurtrauks

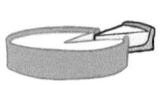

porción

porcija

máquina de espresso

espresso kafijas automāts

silla alta

bāra krēsls

factura

rēķins

bandeja

paplāte

cuchillo

nazis

tenedor

dakša

cuchara

karote

cuchara de té

tējkarote

servilleta

salvete

vaso

glāze

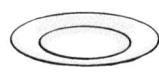

plato

škīvis

plato de sopa

zupas škīvis

platillo

apakštase

salsa

mērce

salero

sāls trauciņš

molinillo para pimienta

piparu dzirnaviņas

vinagre

etiķis

aceite

eļļa

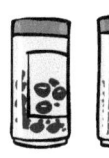

especias

garšvielas

ketchup

kečups

mostaza

sinepes

mayonesa

majonēze

supermercado
lielveikals

oferta
piedāvājums
FOR
cliente
klients
productos lácteos
piena produkti
fruta
augļi
carrito de compras
iepirkumu ratiņi

BUTCHERS

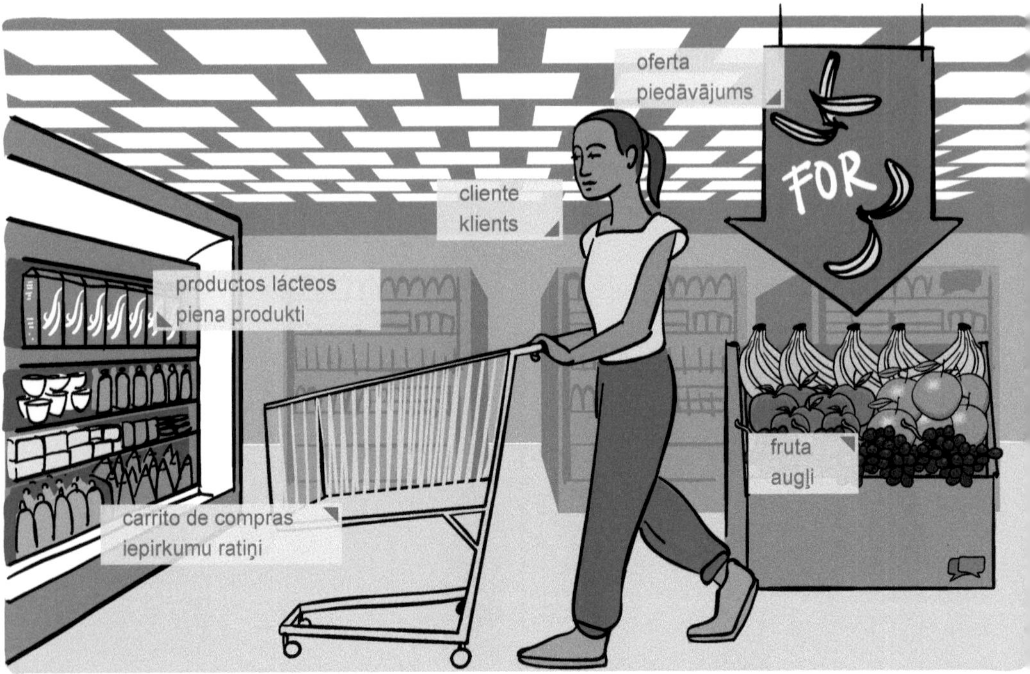

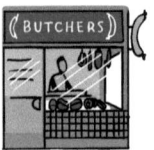

carnicería
kautuve

BAKERY

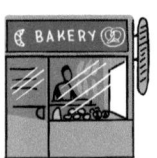

panadería
maizes veikals

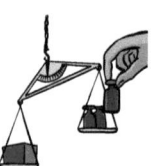

pesar
svērt

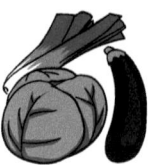

verdura
dārzeņi

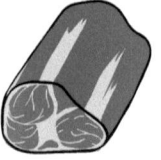

carne
gaļa

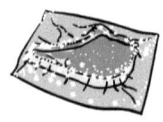

alimentos congelados
saldēti produkti

fiambre

aukstās gaļas uzkodas

conservas

konservi

detergente en polvo

pulveris

dulces

saldumi

artículos domésticos

mājsaimniecības preces

productos de limpieza

tīrīšanas līdzeklis

vendedora

pārdevēja

caja

kase

cajero

kasieris

lista de compras

iepirkumu saraksts

horario de atención

darba laiks

cartera

maks

tarjeta de crédito

kredītkarte

maleta

soma

bolsa plástica

maisiņš

agua

ūdens

jugo

sula

leche

piens

refresco de cola

kola

vino

vīns

cerveza

alus

alcohol

alkohols

cacao

kakao

té

tēja

café

kafija

espresso

espresso

cappuccino

kapučīno

banana

banāns

manzana

ābols

naranja

apelsīns

sandía

melone

limón

citrons

zanahoria

burkāns

ajo

ķiploks

bambú

bambuss

cebolla

sīpols

seta

sēne

nueces

rieksti

fideos

makaroni

espagueti

spageti

arroz

rīsi

ensalada

salāti

patatas fritas

frī kartupeļi

patatas salteadas

cepti kartupeļi

pizza

pica

hamburguesa

hamburgers

sándwich

sviestmaize

escalope

šnicele

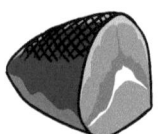

jamón

šķiņķis

salame

salami

embutido

desa

pollo

vista

asado

cepetis

pescado

zivs

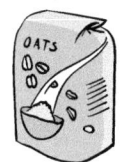

copos de avena

auzu pārslas

musli

muslis

copos de maíz tostado

brokastu pārslas

harina

milti

croissant

radziņš

panecillo

brokastu maizītes

pan

maize

tostada

tostermaize

galletas

cepumi

mantequilla

sviests

cuajada

biezpiens

pastel

kūka

huevo

ola

huevo frito

cepta ola

queso

siers

helado

saldējums

azúcar

cukurs

miel

medus

mermelada

marmelāde

praliné

riekstu krēms

curry

karijs

comida - ēdiens

granja
zemnieku saimniecība

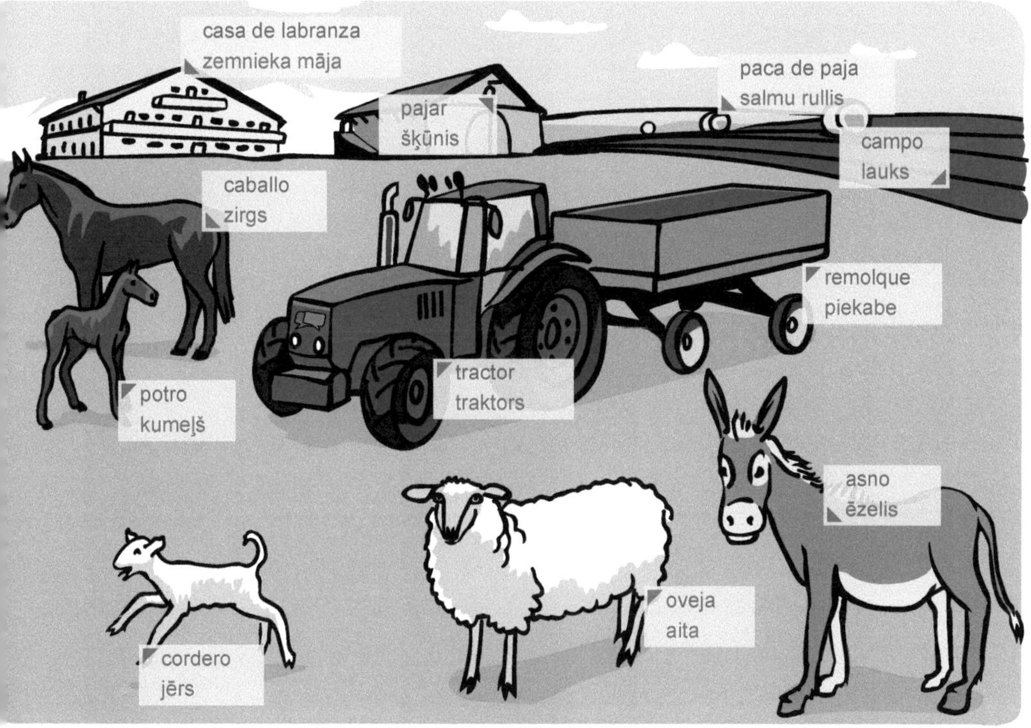

casa de labranza
zemnieka māja
pajar
šķūnis
paca de paja
salmu rullis
campo
lauks
caballo
zirgs
remolque
piekabe
tractor
traktors
potro
kumeļš
asno
ēzelis
oveja
aita
cordero
jērs

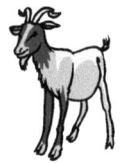

cabra
kaza

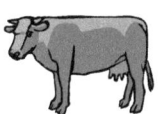

vaca
govs

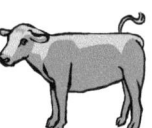

ternero
teļš

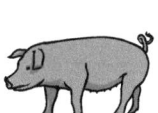

cerdo
cūka

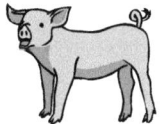

lechón
sivēns

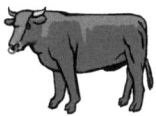

toro
bullis

ganso
zoss

pato
pīle

polluelo
cālis

pollo
vista

gallo
gailis

rata
žurka

gato
kaķis

ratón
pele

buey
vērsis

perro
suns

caseta del perro
suņa būda

manguera de riego
dārza šļūtene

regadera
lejkanna

guadaña
izkapts

arado
arkls

hoz
sirpis

azada
kaplis

bieldo
mēslu dakša

hacha
cirvis

carretilla
ķerra

abrevadero
sile

lechera
piena kanna

saco
maiss

cerca
žogs

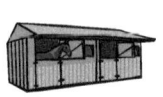

establo
kūts

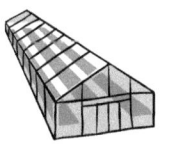

invernadero
siltumnīca

suelo
augsne

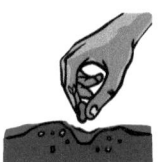

semilla
sēklas

fertilizante
mēslojums

cosechadora
kombains

cosechar

novākt ražu

cosecha

raža

raíz de ñame

jamss

trigo

kvieši

soja

soja

patata

kartupelis

maíz

kukurūza

colza

rapsis

Árbol frutal

augļu koks

mandioca

manioka

cereales

labība

casa
māja

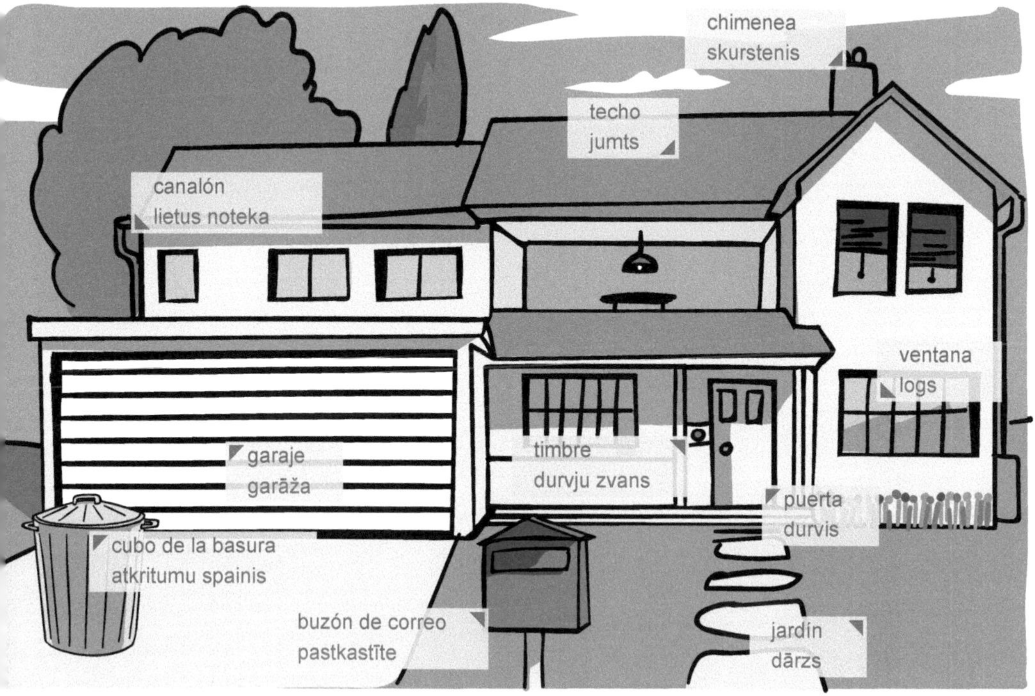

chimenea
skurstenis
techo
jumts
canalón
lietus noteka
ventana
logs
garaje
garāža
timbre
durvju zvans
puerta
durvis
cubo de la basura
atkritumu spainis
buzón de correo
pastkastīte
jardín
dārzs

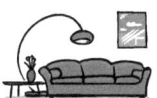

cuarto de estar
....
viesistaba

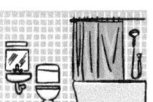

cuarto de baño
....
vannas istaba

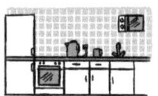

cocina
....
virtuve

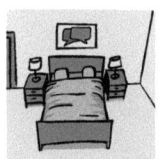

dormitorio
....
guļamistaba

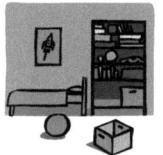

cuarto de los niños
....
bērnu istaba

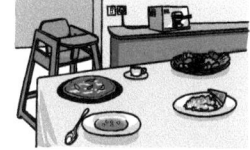

comedor
....
ēdamistaba

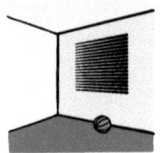

piso
....
grīda

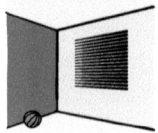

pared
....
siena

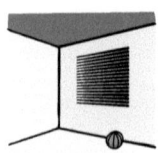

cielorraso
....
griesti

sótano
....
pagrabs

sauna
....
sauna

balcón
....
balkons

terraza
....
terase

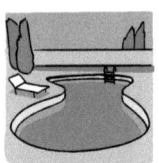

piscina
....
baseins

cortacésped
....
zāles pļāvējs

funda nórdica
....
gultas veļa

edredón
....
sega

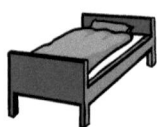

cama
....
gulta

escoba
....
slota

cubo
....
spainis

interruptor
....
slēdzis

cuarto de estar
viesistaba

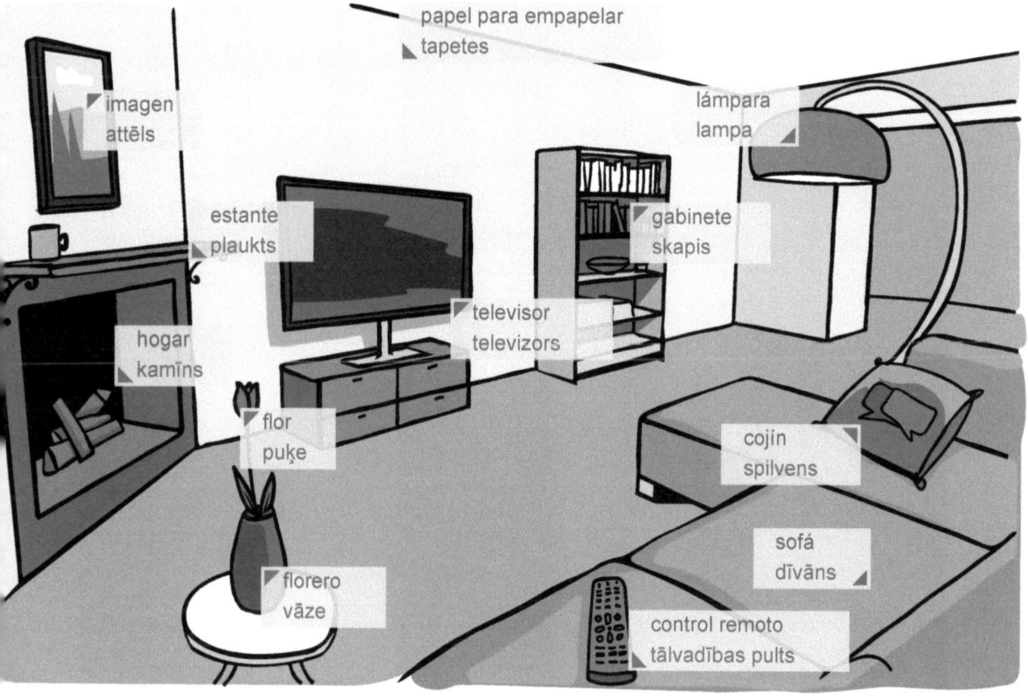

papel para empapelar
tapetes
imagen
attēls
lámpara
lampa
estante
plaukts
gabinete
skapis
televisor
televizors
hogar
kamīns
flor
puķe
cojín
spilvens
sofá
dīvāns
florero
vāze
control remoto
tālvadības pults

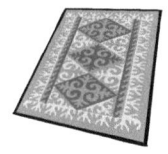

alfombra

paklājs

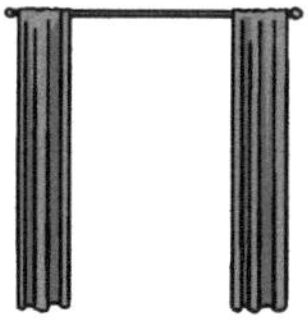

cortina

aizkars

mesa

galds

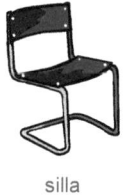

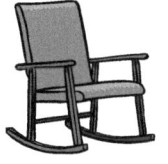

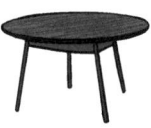

silla

krēsls

mecedora

šūpuļkrēsls

sillón

atpūtas krēsls

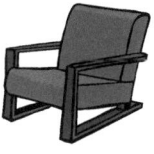

libro

grāmata

frazada

sega

decoración

dekorācija

leña

malka

film

filma

equipo estereofónico

mūzikas centrs

llave

atslēga

periódico

avīze

cuadro

glezna

póster

plakāts

radio

radio

bloc de notas

pierakstu blociņš

aspiradora

putekļu sūcējs

cactus

kaktuss

vela

svece

cocina
virtuve

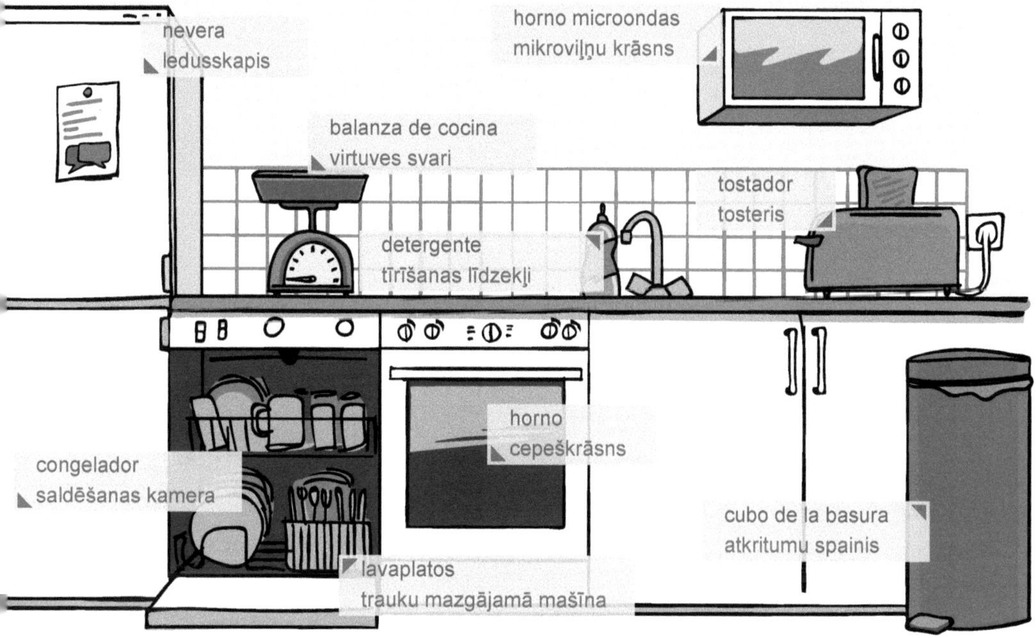
nevera
ledusskapis
horno microondas
mikroviļņu krāsns
balanza de cocina
virtuves svari
tostador
tosteris
detergente
tīrīšanas līdzekļi
horno
cepeškrāsns
congelador
saldēšanas kamera
cubo de la basura
atkritumu spainis
lavaplatos
trauku mazgājamā mašīna

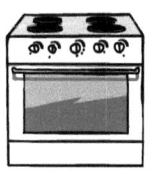

cocina
plīts

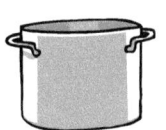

olla
pods

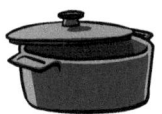

olla de fundición de hierro
katls

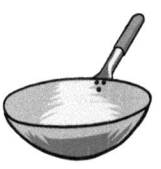

wok / kadai
Wok panna

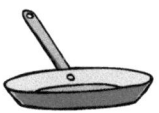

sartén
panna

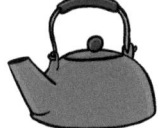

hervidor de agua
elektriskā tējkanna

olla de vapor

tvaika katls

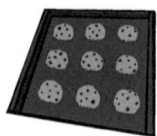

bandeja de horno

cepešpanna

vajilla

trauki

vaso

krūze

bol

bļoda

palillos para comer

irbulīši

cucharón de sopa

kauss

espátula

lāpstiņa

batidor

putošanas slotiņa

colador

sietiņš

cedazo

siets

rallador

rīve

mortero

piesta

parrillada

grilēt

fogata

atklāts pavards

tabla de picar
dēlis

rodillo
mīklas rullis

sacacorchos
korķu vilķis

lata
bundža

abrelatas
konservu nazis

agarrador
virtuves cimdi

fregadero
izlietne

cepillo
birste

esponja
sūklis

batidora
mikseris

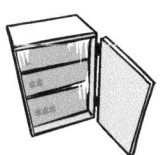

arcón congelador
saldētava

biberón
bērna pudelīte

grifo
ūdenskrāns

cuarto de baño
vannas istaba

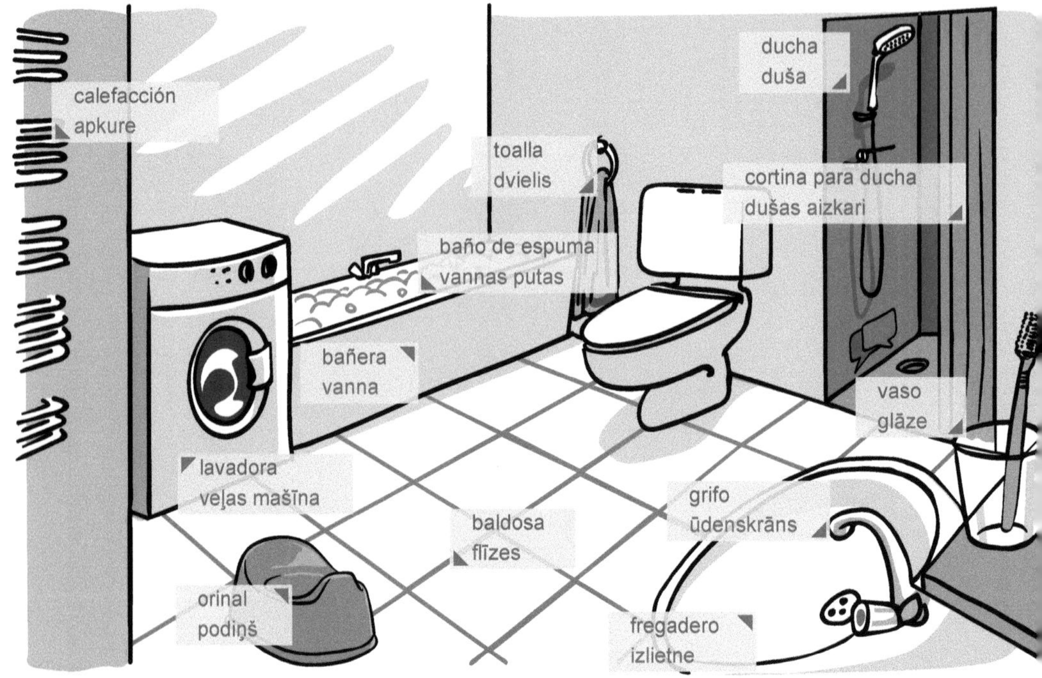

calefacción
apkure
toalla
dvielis
ducha
duša
cortina para ducha
dušas aizkari
baño de espuma
vannas putas
bañera
vanna
vaso
glāze
lavadora
veļas mašīna
grifo
ūdenskrāns
baldosa
flīzes
orinal
podiņš
fregadero
izlietne

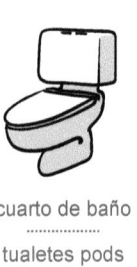

cuarto de baño

tualetes pods

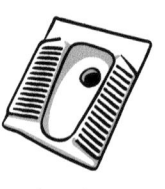

placa turca

Āzijas tipa tualete

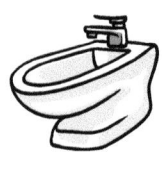

bidé

bidē

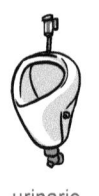

urinario

pisuārs

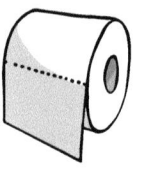

papel higiénico

tualetes papīs

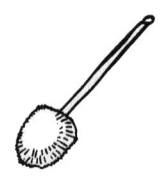

escobilla para el cuarto de baño

tualetes birste

cepillo de dientes

zobu birste

pasta dentífrica

zobu pasta

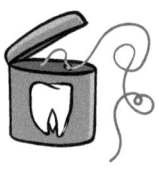

seda dental

zobu diegs

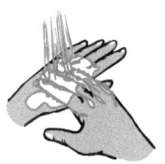

lavar

mazgāt

ducha teléfono

rokas duša

ducha higiénica

duša

cuenco

bļoda

cepillo para la espalda

muguras mazgāšanas birste

jabón

ziepes

gel de ducha

dušas želeja

champú

šampūns

manopla para baño

mazgāšanas drāna

desagüe

noteka

crema

krēms

desodorante

dezodorants

espejo

spogulis

espejo de maquillaje

spogulītis

máquina de afeitar

skuveklis

espuma de afeitar

skūšanās putas

loción para después del afeitado

losjons pēc skūšanās

peine

ķemme

cepillo

matu suka

secador para cabello

matu fēns

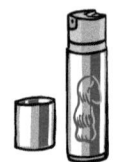

laca de peinado

matu laka

maquillaje

grima komplekts

lápiz labial

lūpu krāsa

laca para uñas

nagulaka

algodón

vate

tijera para uñas

šķērītes

perfume

smaržas

neceser

kosmētikas maks

taburete

ķeblītis

balanza

svari

bata de baño

halāts

guantes de goma

tīrīšanas cimdi

tampón

tampons

compresa

pakete

wáter químico

ķīmiskā tualete

cuarto de los niños
bērnu istaba

despertador
modinātājs
animal de peluche
mīkstā rotaļlieta
auto de juguete
spēļu automašīna
sonajero
grabulis
casa de muñecas
leļļu māja
obsequio
dāvana

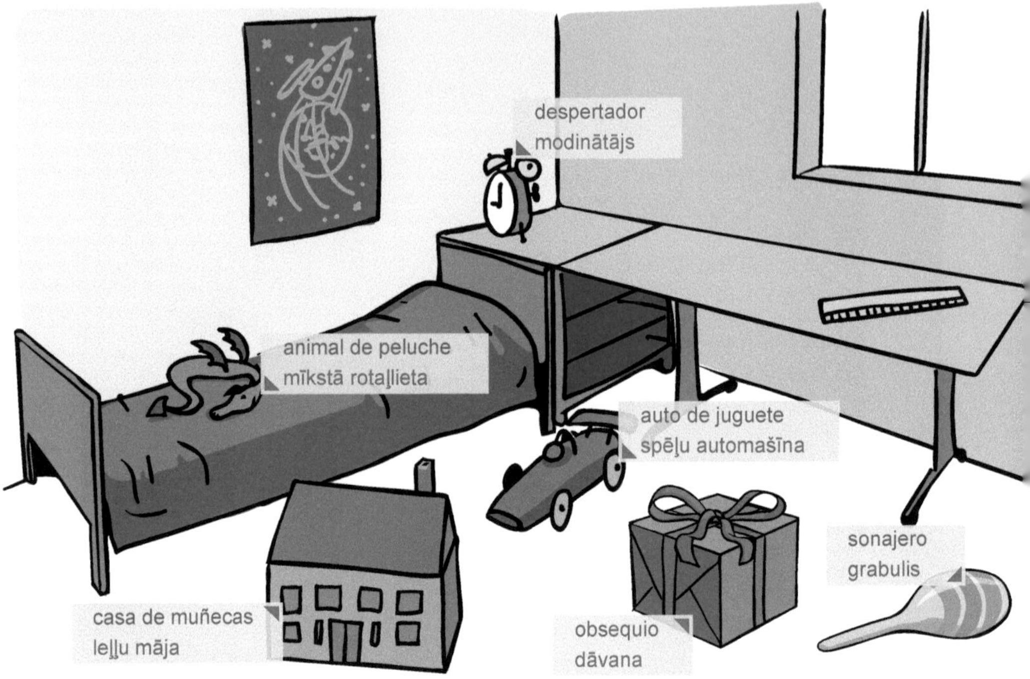

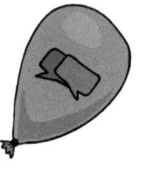

globo

balons

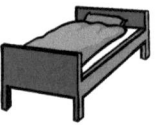

cama

gulta

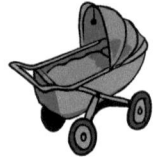

cochecito para niños

bērnu ratiņi

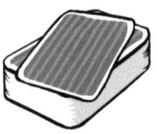

juego de barajas

kārtis

rompecabezas

puzle

SUPER
MEGA

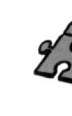

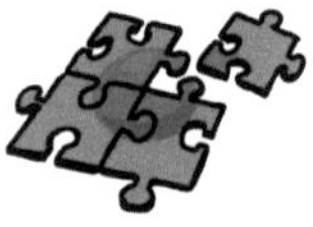

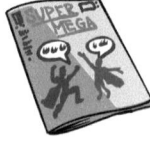

cómic

komikss

piezas de Lego

LEGO klucīši

bloques para jugar

klucīši

figura de acción

varoņu figūra

pijama de una pieza

rāpulītis

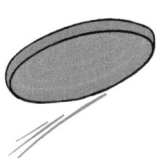

frisbee

lidojošais šķīvītis

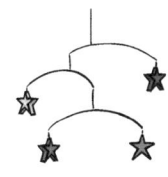

móvil

muzikālais karuselis

juego de mesa

galda spēle

dado

metamais kauliņš

tren eléctrico a escala

rotaļu dzelzceļš

chupete

māneklis

fiesta

ballīte

libro de dibujos

bilžu grāmata

pelota

bumba

títere

lelle

jugar

spēlēt

arenero

smilšu kaste

columpio

šūpoles

juguetes

rotaļlietas

consola de videojuego

spēļu konsole

triciclo

trīsritenis

osito de peluche

plīša lācītis

guardarropa

drēbju skapis

vestimenta

apģērbs

calcetines

īszeķes

medias

zeķes

panti

zeķbikses

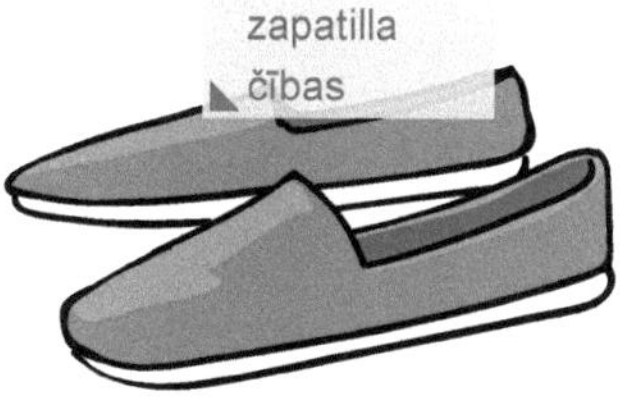

chal
šalle

paraguas
lietussargs

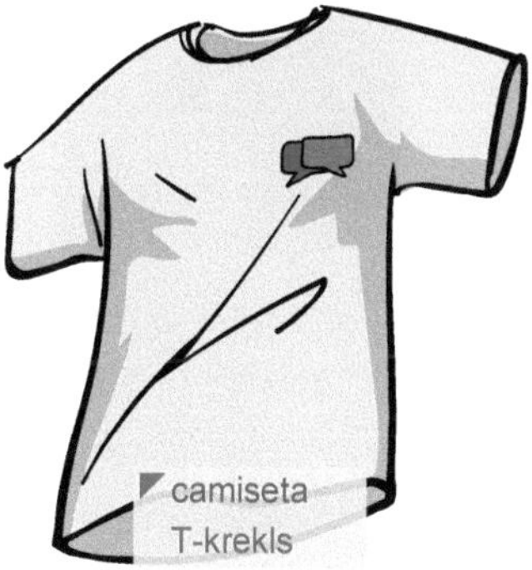

cinturón
siksna

camiseta
T-krekls

botas
zābaks

zapatilla
čības

deportivas
botas

sandalias
....
sandales

zapatos
....
kurpes

botas de goma
....
gumijas zābaki

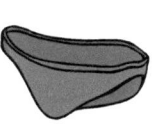

ropa interior
....
apakšbikses

corpiño
....
krūšturis

camiseta
....
apakškrekls

body
bodijs

pantalón
bikses

jeans
džinsi

falda
svārki

blusa
blūze

camisa
krekls

pullover
pulovers

sweater
džemperis

blazer
žakete

chaqueta
jaka

abrigo
mētelis

impermeable
lietus mētelis

traje chaqueta
kostīms

vestido
kleita

vestido de bodas
kāzu kleita

vestimenta - apģērbs

traje

uzvalks

camisón

naktskrekls

pijama

pidžama

sari

sari

pañuelo de cabeza

lakats

turbante

turbāns

burka

burka

caftán

kaftāns

abaya

abaja

traje de baño

peldkostīms

bañador

peldbikses

shorts

šorti

chándal

treniņtērps

delantal

priekšauts

guante

cimdi

botón

poga

gafa

brilles

brazalete

rokassprādze

cadena

kaklarota

anillo

gredzens

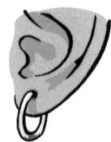

aro

auskars

gorra

cepure

percha

drēbju pakaramais

sombrero

platmale

corbata

kaklasaite

cierre a cremallera

rāvējslēdzējs

casco

ķivere

tiradores

bikšturi

uniforme escolar

skolas forma

uniforme

uniforma

babero

priekšautiņš

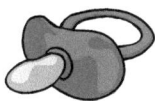

chupete

māneklis

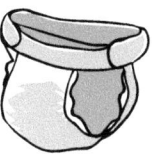

pañal

autiņbiksītes

oficina
birojs

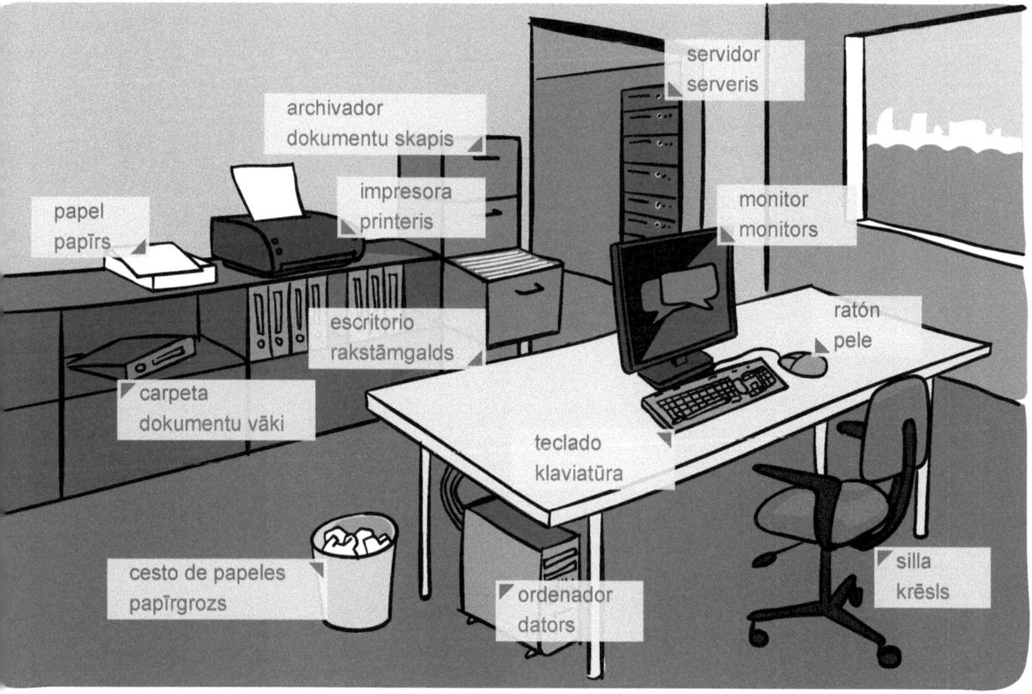

servidor
serveris

archivador
dokumentu skapis

impresora
printeris

papel
papīrs

monitor
monitors

escritorio
rakstāmgalds

ratón
pele

carpeta
dokumentu vāki

teclado
klaviatūra

cesto de papeles
papīrgrozs

silla
krēsls

ordenador
dators

taza de café

kafijas krūze

calculadora

kalkulators

internet

internets

laptop

portatīvais dators

carta

vēstule

mensaje

ziņa

teléfono móvil

mobilais tālrunis

red

tīkls

fotocopiadora

kopētājs

software

programmatūra

teléfono

telefons

tomacorriente

rozete

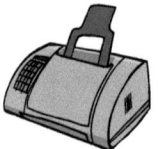

máquina de fax

faksa aparāts

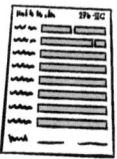

formulario

formulārs

documento

dokuments

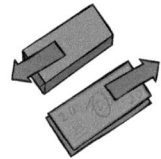

comprar
pirkt

pagar
samaksāt

comerciar
tirgot

dinero
nauda

USD

dólar
dolārs

EUR

euro
eiro

JPY

yen
jēna

RUB

rublo
rublis

CHF

franco
franks

CNY

renminbi
juaņa renminbi

INR

rupia
rūpija

cajero automático
bankomāts

casa de cambio

valūtas maiņas punkts

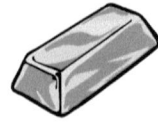

oro

zelts

plata

sudrabs

petróleo

nafta

energía

enerģija

precio

cena

contrato

līgums

impuesto

nodoklis

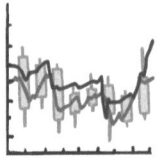

acción

akcija

trabajar

strādāt

empleado

darbinieks

empleador

darba devējs

fábrica

fabrika

negocio

veikals

ocupaciones
profesijas

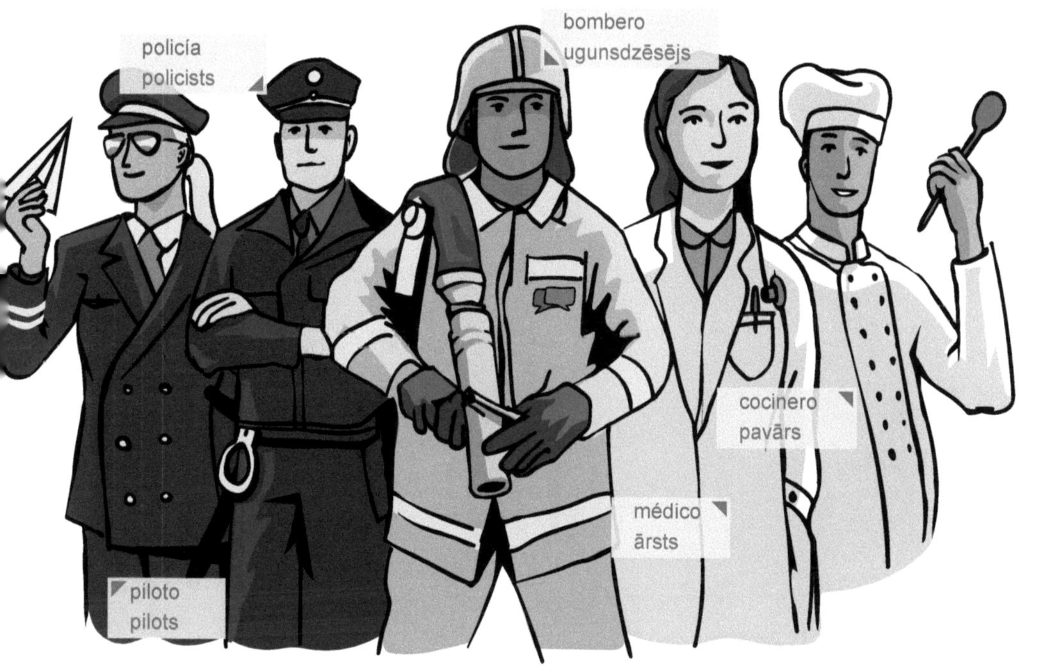
policía
policists
bombero
ugunsdzēsējs
cocinero
pavārs
médico
ārsts
piloto
pilots

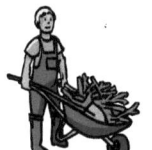

jardinero

dārznieks

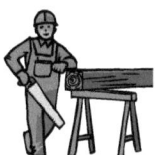

carpintero

galdnieks

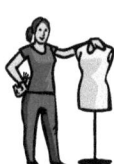

costurera

šuvēja

juez

tiesnesis

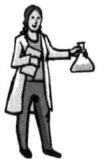

químico

ķīmiķis

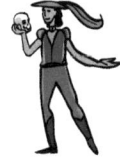

actor

aktieris

conductor de autobús

autobusa vadītājs

taxista

taksometra vadītājs

pescador

zvejnieks

mujer de la limpieza

apkopēja

techista

jumiķis

camarero

viesmīlis

cazador

mednieks

pintor

gleznotājs

panadero

maiznieks

electricista

elektriķis

albañil

celtnieks

ingeniero

inženieris

carnicero

miesnieks

fontanero

skārdnieks

cartero

pastnieks

soldado

karavīrs

arquitecto

arhitekts

cajero

kasieris

florista

florists

peluquero

frizieris

cobrador

konduktors

mecánico

mehāniķis

capitán

kapteinis

odontólogo

zobārsts

científico

zinātnieks

rabino

rabīns

imam

imāms

monje

mūks

párroco

mācītājs

herramientas
instrumenti

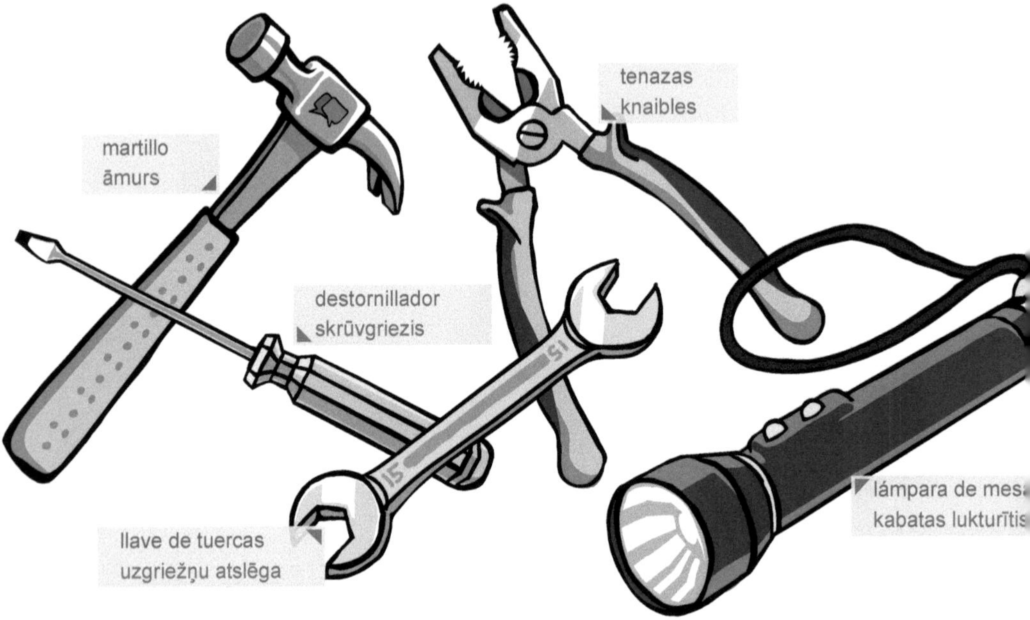

tenazas
knaibles
martillo
āmurs
destornillador
skrūvgriezis
lámpara de mes
kabatas lukturītis
llave de tuercas
uzgriežņu atslēga

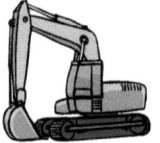

excavadora

ekskavators

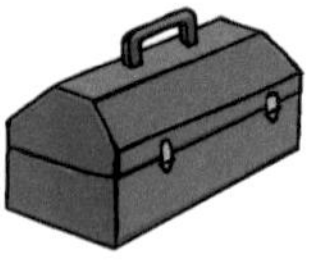

caja de herramientas

instrumentu kaste

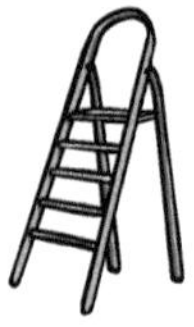

escalerilla

kāpnes

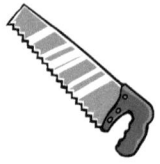

serrucho

zāģis

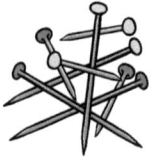

clavos

naglas

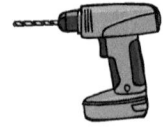

taladro

urbis

reparar
remontēt

pala
lāpsta

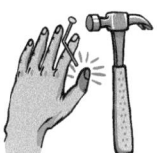

¡Maldición!
Velns!

recogedor
llekšķere

lata de pintura
krāsas bundža

tornillos
skrūves

instrumentos musicales
mūzikas instrumenti

batería
bungas

altavoz
skaļrunis

guitarra
ģitāra

contrabajo
kontrabass

trompeta
trompete

piano

klavieres

violín

vijole

bajo

bass

timbales

timpāni

tambor

bungas

teclado

digitālās klavieres

saxofón

saksofons

flauta

flauta

micrófono

mikrofons

zoológico
zooloģiskais dārzs

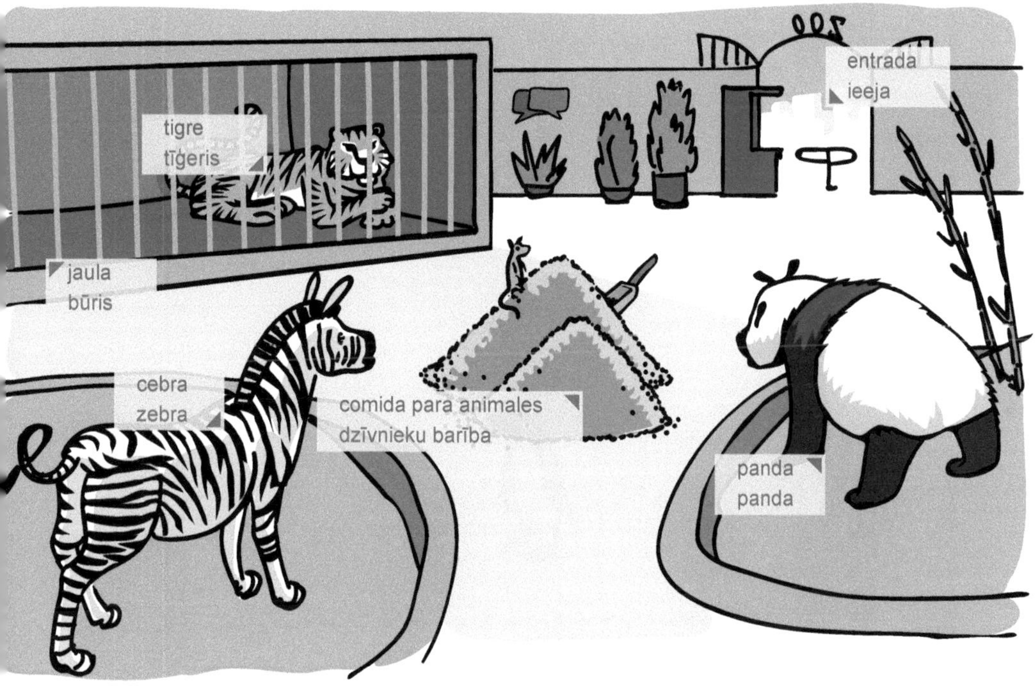

tigre
tīģeris
entrada
ieeja
jaula
būris
cebra
zebra
comida para animales
dzīvnieku barība
panda
panda

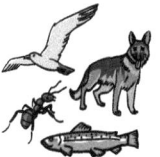

animales
dzīvnieki

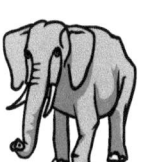

elefante
zilonis

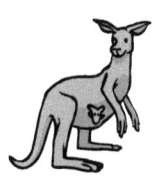

canguro
ķengurs

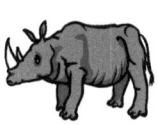

rinoceronte
degunradzis

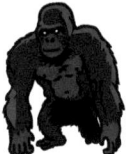

gorila
gorilla

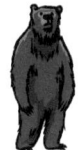

oso
lācis

camello

kamielis

avestruz

strauss

león

lauva

mono

pērtiķis

flamengo

flamings

papagayo

papagailis

oso polar

polārlācis

pingüino

pingvīns

tiburón

haizivs

pavo real

pāvs

serpiente

čūska

cocodrilo

krokodils

cuidador del zoológico

zoodārza sargs

foca

ronis

jaguar

jaguārs

pony

ponijs

leopardo

leopards

hipopótamo

nīlzirgs

jirafa

žirafe

águila

ērglis

jabalí

meža cūka

pescado

zivs

tortuga

bruņurupucis

morsa

valzirgs

zorro

lapsa

gacela

gazele

fútbol americano
amerikāņu futbols

ciclismo
riteņbraukšana

tenis
teniss

baloncesto
basketbols

natación
peldēšana

boxeo
bokss

hockey sobre hielo
hokejs

fútbol
futbols

badminton
badmintons

atletismo
vieglatlētika

balonmano
rokas bumba

esquí
slēpošana

polo
polo

actividades
darbības

reír
smieties
saltar
lēkt
abrazar
apskaut
caminar
iet
cantar
dziedāt
soñar
sapņot
rezar
lūgt
besar
skūpstīt

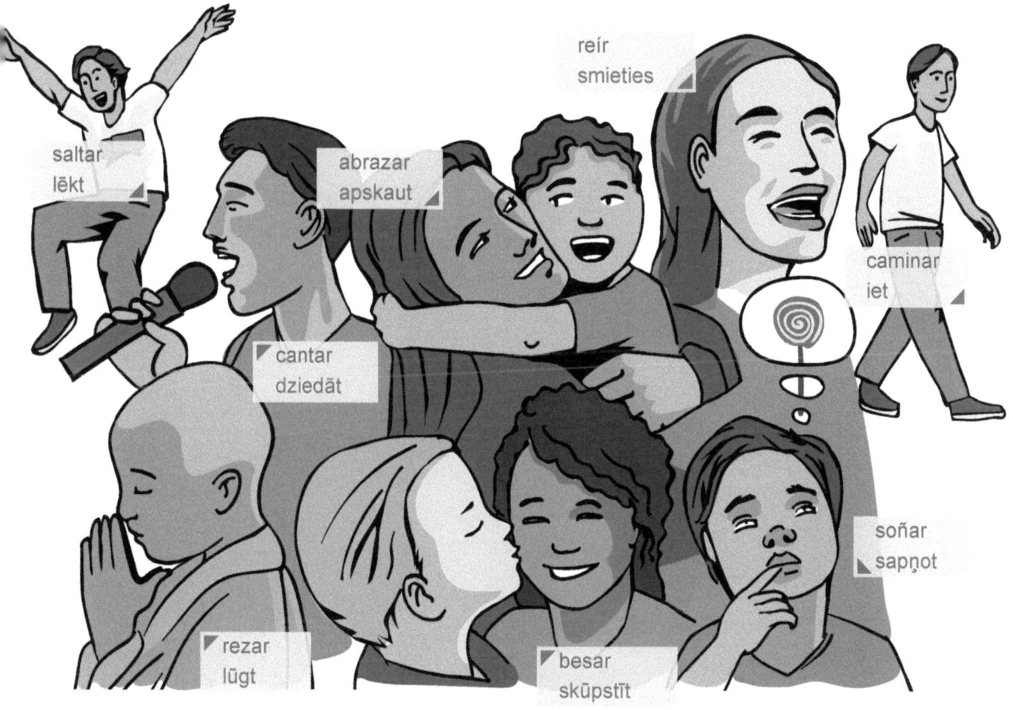

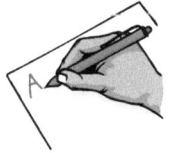

escribir
rakstīt

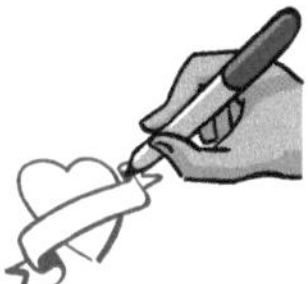

dibujar
zīmēt

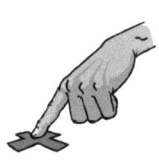

mostrar
rādīt

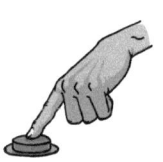

presionar
spiest

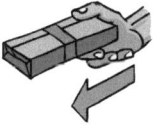

dar
dot

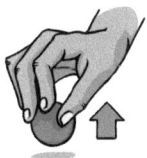

tomar
ņemt

tener
········
būt

hacer
········
darīt

ser
········
būt

estar de pie
········
stāvēt

correr
········
skriet

tirar
········
vilkt

arrojar
········
mest

caer
········
krist

estar acostado
········
gulēt

esperar
········
gaidīt

llevar
········
nest

estar sentado
········
sēdēt

vestirse
········
uzģērbt

dormir
········
gulēt

despertar
········
pamosties

mirar

skatīties

llorar

raudāt

acariciar

glāstīt

peinarse

ķemmēt

conversar

runāt

entender

saprast

preguntar

jautāt

oír

dzirdēt

beber

dzert

comer

ēst

asear

sakārtot

amar

mīlēt

cocinar

vārīt

conducir

braukt

volar

lidot

navegar

burot

calcular

rēķināt

leer

lasīt

aprender

mācīties

trabajar

strādāt

casarse

precēties

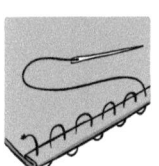

coser

šūt

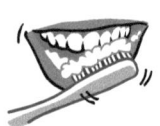

limpiarse los dientes

tīrīt zobus

matar

nogalināt

fumar

smēķēt

enviar

sūtīt

familia
ģimene

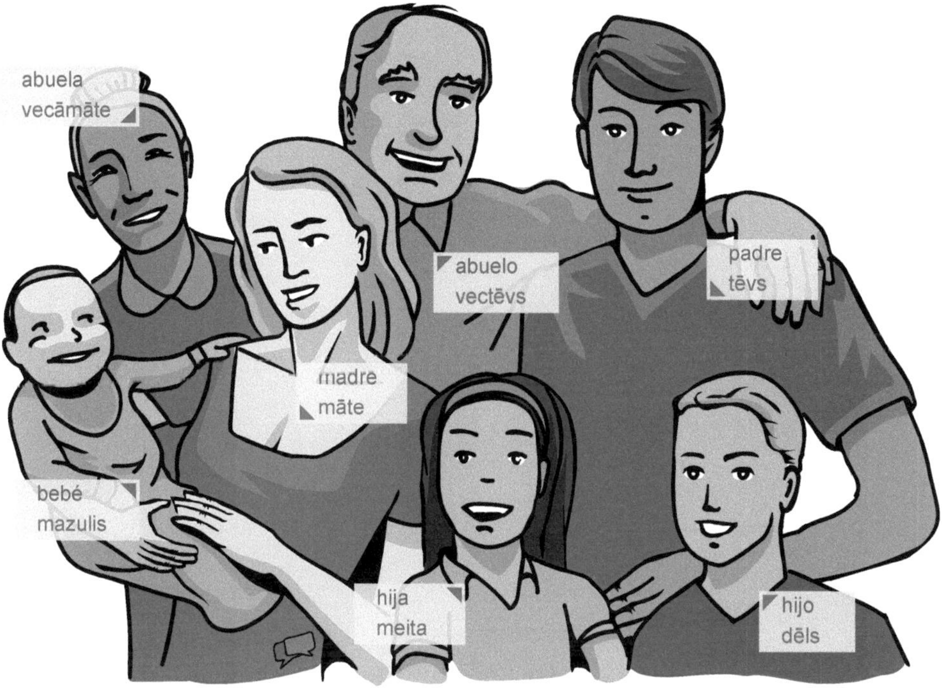
abuela
vecāmāte
abuelo
vectēvs
padre
tēvs
madre
māte
bebé
mazulis
hija
meita
hijo
dēls

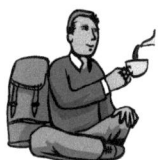

invitado

viesis

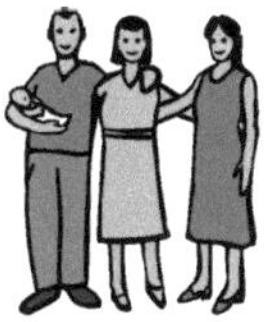

tía

tante

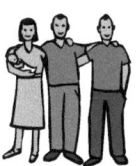

tío

onkulis

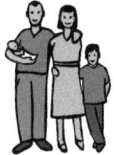

hermano

brālis

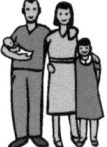

hermana

māsa

cuerpo
ķermenis

frente
piere
ojo
acs
hombro
plecs
dedo
pirksts
cara
seja
barbilla
zods
mano
roka
pierna
kāja
pecho
krūtis
brazo
roka

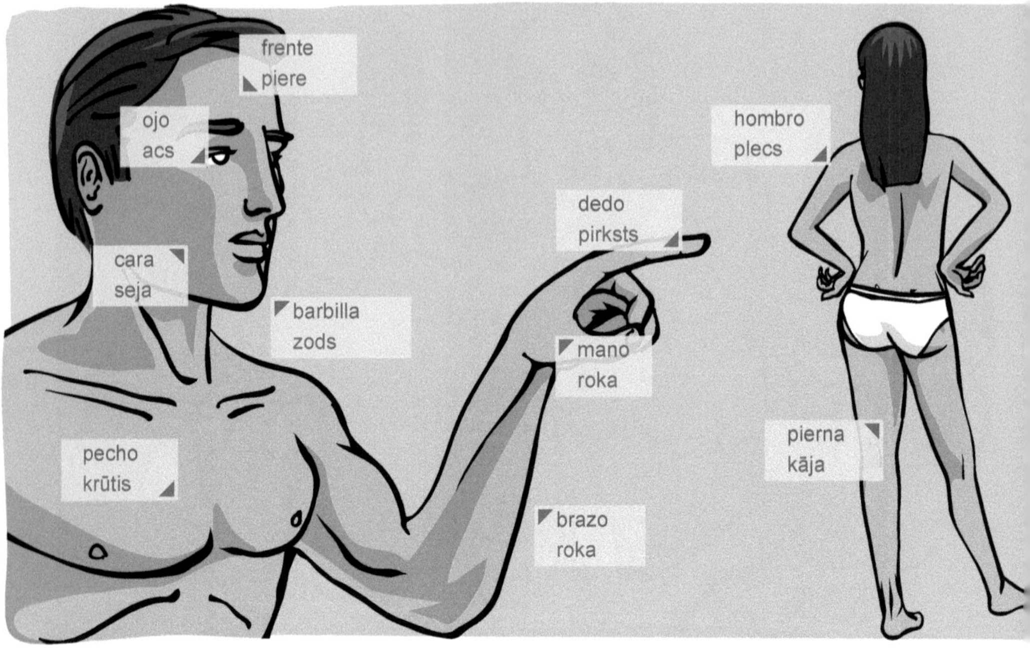

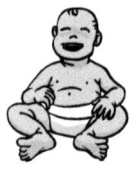

bebé

mazulis

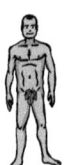

hombre

vīrietis

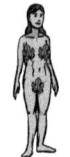

mujer

sieviete

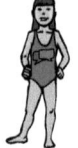

muchacha

meitene

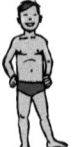

joven

zēns

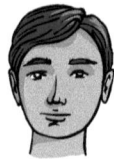

cabeza

galva

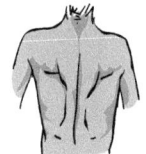

espalda

mugura

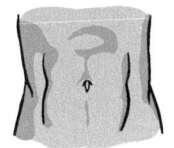

vientre

vēders

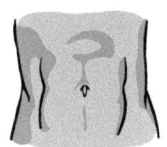

ombligo

naba

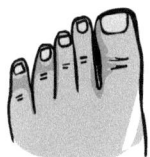

dedo del pie

kājas pirksts

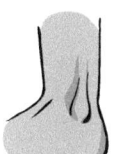

talón

papēdis

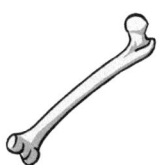

hueso

kauls

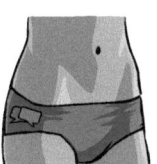

cadera

gurns

rodilla

celis

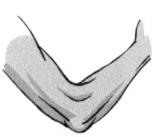

codo

elkonis

nariz

deguns

trasero

dibens

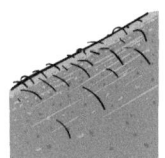

piel

āda

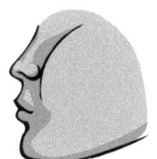

mejilla

vaigs

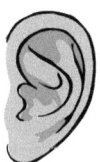

oreja

auss

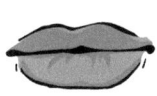

labio

lūpa

boca

mute

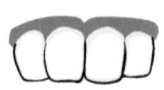

diente

zobs

lengua

mēle

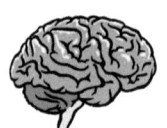

cerebro

smadzenes

corazón

sirds

músculo

muskulis

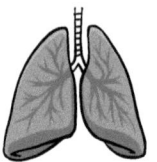

pulmón

plaušas

hígado

aknas

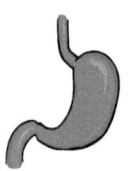

estómago

kuņģis

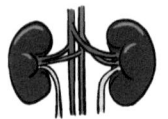

riñones

nieres

relación sexual

dzimumakts

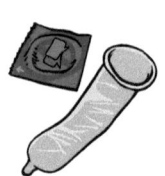

condón

kondoms

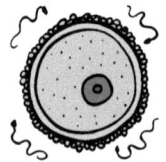

Óvulo

olšūna

esperma

sperma

embarazo

grūtniecība

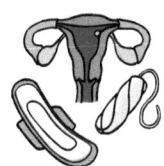

menstruación

menstruācijas

vagina

vagīna

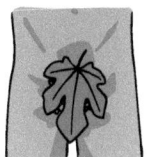

pene

penis

ceja

uzacs

cabello

mati

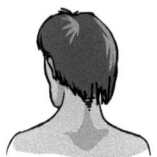

cuello

kakls

hospital
slimnīca

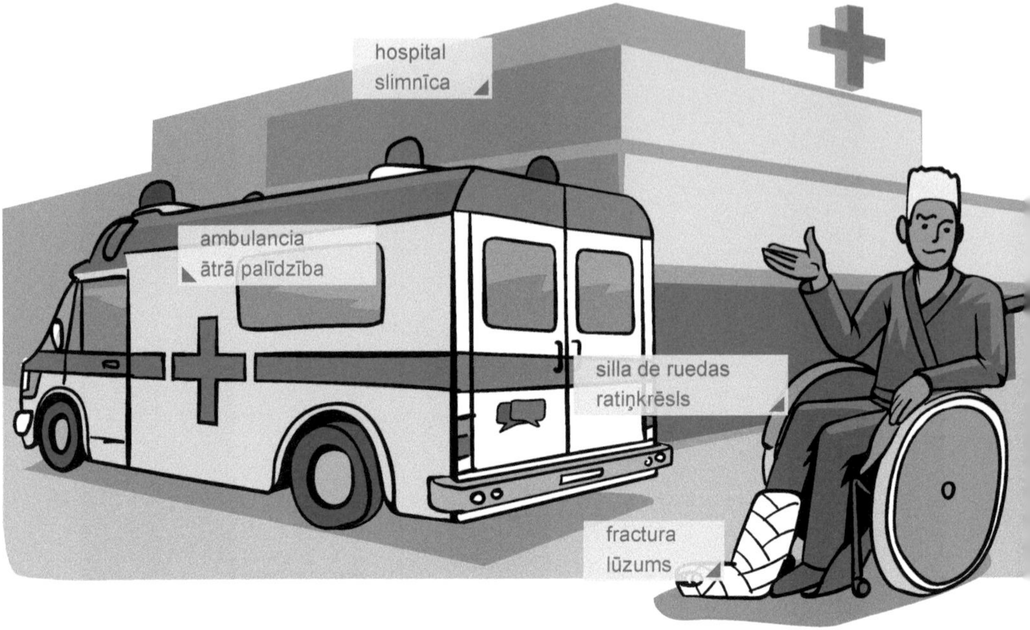

hospital
slimnīca
ambulancia
ātrā palīdzība
silla de ruedas
ratiņkrēsls
fractura
lūzums

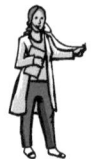

médico

ārsts

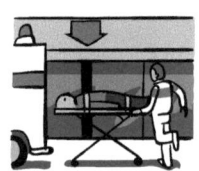

admisión de urgencia

neatliekamās palīdzības nodaļa

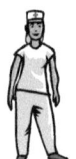

enfermera

medmāsa

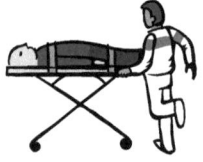

emergencia

ārkārtas gadījums

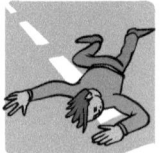

inconsciente

paģībis

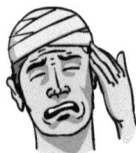

dolor

sāpes

lesión

ievainojums

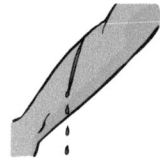

hemorragia

asiņošana

infarto de miocardio

sirdslēkme

apoplejía cerebral

insults

alergia

alerģija

tos

klepus

fiebre

temperatūra

gripe

gripa

diarrea

caureja

dolor de cabeza

galvassāpes

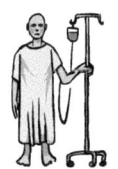

cáncer

vēzis

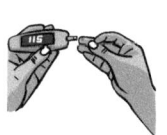

diabetes

diabēts

cirujano

ķirurgs

escalpelo

skalpelis

operación

operācija

TC

datortomogrāfija

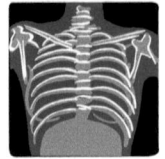

rayos X

rentgents

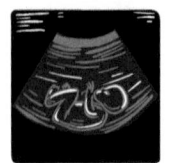

ultrasonido

ultraskaņa

máscara

sejas maska

enfermedad

slimība

sala de espera

uzgaidāmā telpa

muleta

kruķis

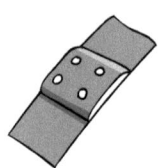

emplasto

plāksteris

vendaje

apsējs

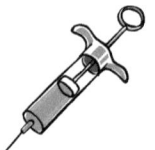

inyección

injekcija

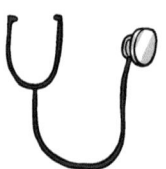

estetoscopio

stetoskops

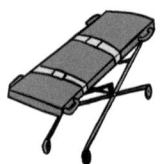

camilla

nestuves

termómetro

termometrs

nacimiento

dzemdības

sobrepeso

liekais svars

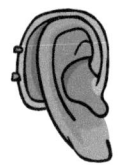

audífono

dzirdes aparāts

desinfectante

dezinfekcijas līdzeklis

infección

infekcija

virus

vīruss

VIH / SIDA

HIV / AIDS

medicina

zāles

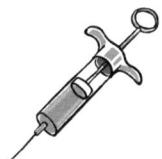

vacunación

pote

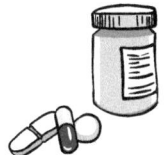

comprimido

tabletes

píldora anticonceptiva

pretapaugļošanās tablete

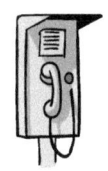

llamada de emergencia

ārkārtas izsaukums

medidor de presión arterial

asinsspiediena mērītājs

enfermo / saludable

slims / vesels

¡Ayuda!

Palīgā!

alarma

trauksme

asalto

uzbrukums

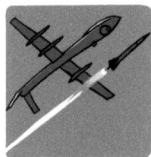

ataque

uzbrukums

peligro

bīstamība

salida de emergencia

avārijas izeja

¡Fuego!

Uguns!

extintor

ugunsdzēšamais aparāts

accidente

negadījums

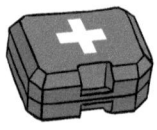

kit de primeros auxilios

pirmās palīdzības aptieciņa

SOS

SOS

Policía

policija

Europa

Eiropa

América del Norte

Ziemeļamerika

América del Sur

Dienvidamerika

África

Āfrika

Asia

Āzija

Australia

Austrālija

Atlántico

Atlantijas okeāns

Pacífico

Klusais okeāns

Océano Índico

Indijas okeāns

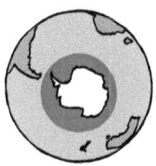

Océano Antártico

Dienvidu okeāns

Océano Ártico

Ziemeļu ledus okeāns

Polo Norte

Ziemeļpols

Polo Sur

Dienvidpols

Antártida

Antarktika

Tierra

zeme

país

zeme

mar

jūra

isla

sala

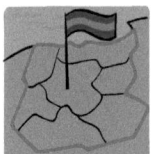

nación

nācija

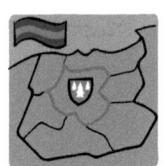

Estado

valsts

cuadrante

ciparnīca

horario

stundu rādītājs

minutero

minūšu rādītājs

segundero

sekunžu rādītājs

¿Qué hora es?

Cik ir pulkstenis?

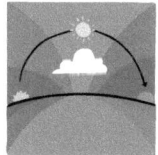

día

diena

tiempo

laiks

ahora

tagad

reloj digital

digitālais pulkstenis

minuto

minūte

hora

stunda

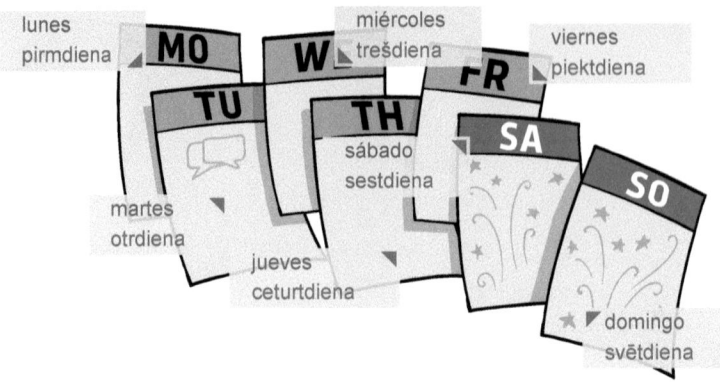

lunes
pirmdiena

miércoles
trešdiena

viernes
piektdiena

martes
otrdiena

sábado
sestdiena

jueves
ceturtdiena

domingo
svētdiena

ayer

vakardien

hoy

šodien

mañana

rītdien

mañana

rīts

mediodía

pusdienlaiks

tarde

vakars

MO	TU	WE	TH	FR	SA	SU
1	2	3	4	5	6	7
8	9	10	11	12	13	14
15	16	17	18	19	20	21
22	23	24	25	26	27	28
29	30	31	1	2	3	4

jornada de trabajo

darbadienas

MO	TU	WE	TH	FR	SA	SU
1	2	3	4	5	6	7
8	9	10	11	12	13	14
15	16	17	18	19	20	21
22	23	24	25	26	27	28
29	30	31	1	2	3	4

fin de semana

brīvdienas

año
gads

lluvia
lietus
arco iris
varavīksne
viento
vējš
nieve
sniegs
primavera
pavasaris
otoño
rudens
verano
vasara
invierno
ziema

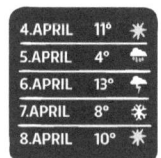

4.APRIL 11°
5.APRIL 4°
6.APRIL 13°
7.APRIL 8°
8.APRIL 10°

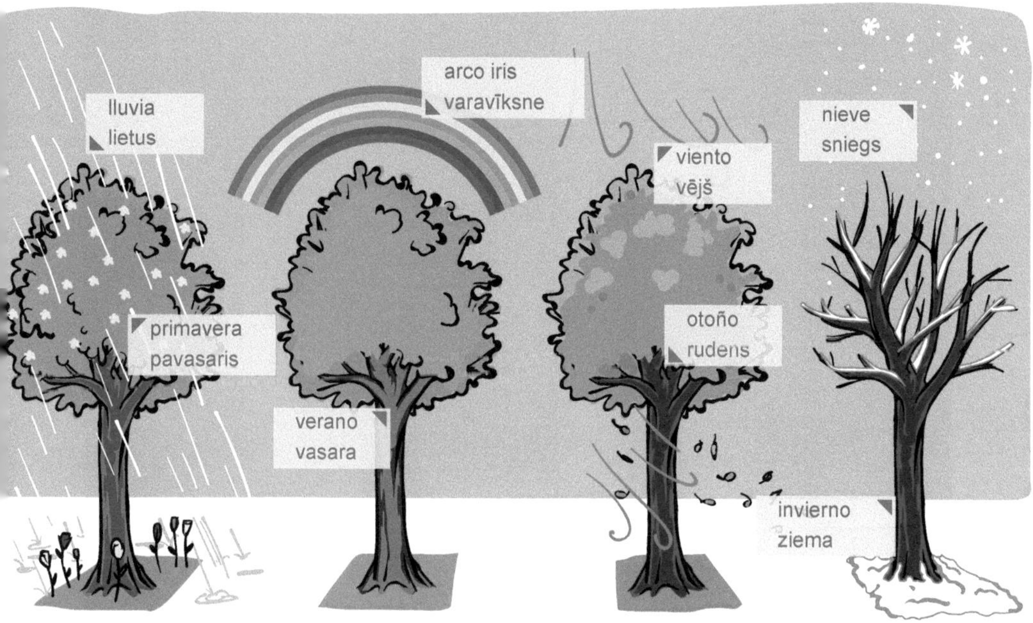

pronóstico meteorológico

laika prognoze

F
C
120
90
60
30
0
-30
40
30
20
10
0
-10
-20

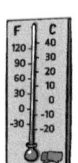

termómetro

termometrs

luz solar

saules gaisma

nube

mākonis

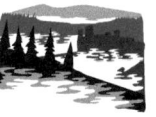

niebla

migla

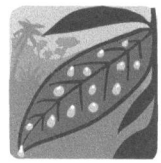

humedad ambiente

gaisa mitrums

relámpago

zibens

trueno

pērkons

tormenta

vētra

granizo

krusa

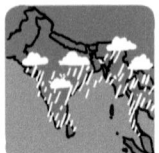

monzón

musons

inundación

plūdi

hielo

ledus

enero

janvāris

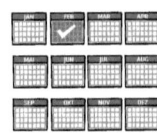

febrero

februāris

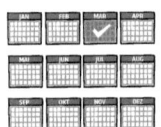

marzo

marts

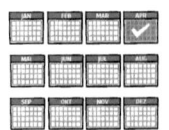

abril

aprīlis

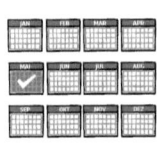

mayo

maijs

junio

jūnijs

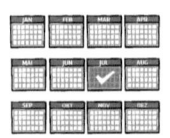

julio

jūlijs

agosto

augusts

año - gads

septiembre
....
septembris

octubre
....
oktobris

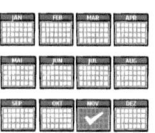

noviembre
....
novembris

diciembre
....
decembris

formas

formas

círculo
....
aplis

cuadrado
....
kvadrāts

rectángulo
....
četrstūris

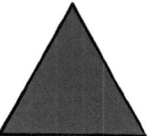

triángulo
....
trīsstūris

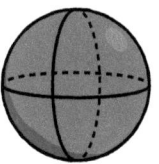

esfera
....
lode

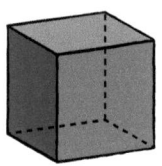

cubo
....
kubs

blanco
....
balts

amarillo
....
dzeltens

anaranjado
....
oranžs

rosa
....
sārts

rojo
....
sarkans

lila
....
lillā

azul
....
zils

verde
....
zaļš

marrón
....
brūns

gris
....
pelēks

negro
....
melns

mucho / poco

daudz / maz

enojado / calmado

saniknots / miermīlīgs

bonito / feo

skaists / neglīts

comienzo / fin

sākums / beigas

grande / pequeño

liels / mazs

claro / oscuro

gaišs / tumšs

hermano / hermana

brālis / māsa

limpio / sucio

tīrs / netīrs

completo / incompleto

pilnīgs / nepilnīgs

día / noche

diena / nakts

muerto / vivo

miris / dzīvs

ancho / angosto

plats / šaurs

disfrutable / no disfrutable

baudāms / nebaudāms

malo / amigable

nikns / laipns

excitado / aburrido

satraukts / garlaikots

gordo / delgado

resns / tievs

primero / último

pirmais /pēdējais

amigo / enemigo

draugs / ienaidnieks

lleno / vacío

pilns / tukšs

duro / suave

ciets / mīksts

pesado / liviano

smags / viegls

hambre / sed

izsalkums / slāpes

enfermo / saludable

slims / vesels

ilegal / legal

nelegāls / legāls

inteligente / tonto

inteliģents / dumjš

izquierda / derecha

kreisais / labais

cercano / lejano

tuvu / tālu

nuevo / usado

jauns / lietots

nada / algo

nekas / kaut kas

viejo / joven

vecs / jauns

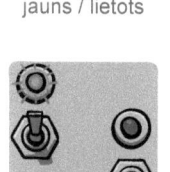

encendido / apagado

ieslēgts / izslēgts

abierto / cerrado

atvērts / slēgts

bajo / fuerte

kluss / skaļš

rico / pobre

bagāts / nabags

correcto / incorrecto

pareizi / nepareizi

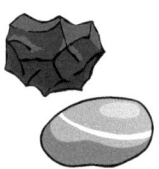

áspero / liso

raupjš / gluds

triste / alegre

noskumis / laimīgs

breve / extenso

īss / garš

lento / veloz

lēns / ātrs

mojado / seco

slapjš / sauss

caliente / frío

silts / vēss

guerra / paz

karš / miers

opuestos - pretstati

0

cero

nulle

1

uno

viens

2

dos

divi

3

tres

trīs

4

cuatro

četri

5

cinco

pieci

6

seis

seši

7

siete

septiņi

8

ocho

astoņi

9

nueve

deviņi

10

diez

desmit

11

once

vienpadsmit

12	**13**	**14**
doce	trece	catorce
divpadsmit	trīspadsmit	četrpadsmit

15	**16**	**17**
quince	dieciséis	diecisiete
piecpadsmit	sešpadsmit	septiņpadsmit

18	**19**	**20**
dieciocho	diecinueve	veinte
astoņpadsmit	deviņpadsmit	divdesmit

100	**1.000**	**1.000.000**
cien	mil	millón
simts	tūkstotis	miljons

inglés

angļu

inglés estadounidense

amerikāņu angļu

chino mandarín

ķīniešu mandarīnu valoda

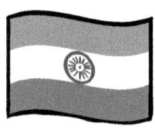

hindi

hindi

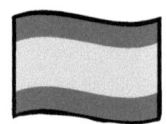

español

spāņu

francés

franču

árabe

arābu

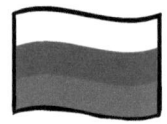

ruso

krievu

portugués

portugāļu

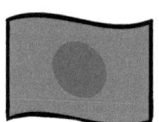

bengalí

bengāļu

alemán

vācu

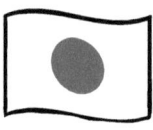

japonés

japāņu

yo

es

tú

tu

él / ella

viņš / viņa

nosotros

mēs

vosotros

jūs

ellos

viņi / viņas

¿quién?

kas?

¿qué?

ko?

¿cómo?

kā?

¿dónde?

kur?

¿cuándo?

kad?

nombre

vārds

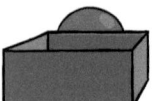

detrás
....
aiz

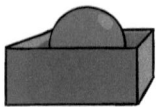

en
....
iekšā

delante de
....
priekšā

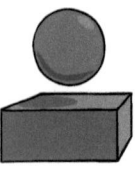

encima de
....
virs

sobre
....
uz

debajo de
....
zem

junto a
....
blakus

entre
....
starp

lugar
....
vieta